LA CLEF HIÉROGLYPHIQUE

DES

ARCANES NATURELS ET SPIRITUELS,

PAR VOIE DES REPRÉSENTATIONS

ET DES CORRESPONDANCES.

OUVRAGES DE M. CHENÉAU.

La Troisième et dernière alliance de Dieu avec sa créature.

Réflexions générales sur les critiques relatives a la troisième et dernière alliance de Dieu avec sa créature.

Erreurs de Fénelon, de Ramsai, de Bossuet, ou la Réfutation de leurs principes.

La Volonté de Jéhovah en Jésus le Christ, seul et vrai Dieu.

Instruction pour avoir des enfants sains d'esprit et de corps.

Étrennes de Vie 1840.

Nouvelles connaissances de 1841.

L'Église romaine détruite par elle-même.

Les sept psaumes pénitentiaux , édités par moi.

LA CLEF HIÉROGLYPHIQUE

DES

ARCANES NATURELS ET SPIRITUELS

PAR VOIE DES REPRÉSENTATIONS

ET DES CORRESPONDANCES;

Par Emmanuel SWÉDENBORG,

Traduit de son latin

À L'AIDE DE M. LINO DE ZAROA, PRÊTRE ESPAGNOL.

Publiée

Par CHENEAU, NÉGOCIANT.

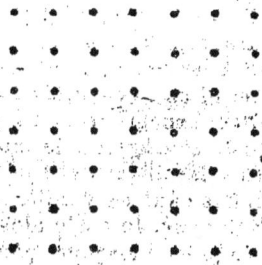

PARIS,

IMPRIMERIE ADMINISTRATIVE DE P. DUPONT,

Rue de Grenelle-Saint-Honoré, 55.

1843

1843

PROPHÉTIES NOUVELLES.

Je transmettrai par le moyen de mon serviteur et de mon ami un pouvoir incorruptible et qui ne sera soumis à aucune autorité humaine ; je varierai mon pouvoir à l'infini ; je distingue entre la capacité et entre l'intention de chaque homme. Celui qui commencera à unir mes enfants en constatant ma troisième et dernière alliance avec ma créature sera appelé le premier patriarche de l'alliance éternelle ; *ainsi a parlé le Seigneur :* Heureux l'homme qui a des oreilles pour entendre et un cœur délicat pour comprendre.

J'ai reçu le commandement d'expliquer la prophétie ci-dessus. Le premier patriarche dont il est parlé pour marquer l'époque de la génération nouvelle sera le père Cheneau, demeurant à Mennetout-sur-Cher. C'est Dieu qui me l'a désigné pour me fixer dans les liens de l'amour conjugal : car il l'a conservé pour que j'accomplisse ma mission, et pour que la troisième et dernière alliance soit dévoilée par mes paroles et confirmée par mes actions en donnant les exemples indispensables pour faire connaître la nécessité de sa mise en pratique, afin que l'homme qui est né de l'esprit de Dieu se sépare des enfants de la bête ou de la grande prostituée qui a corrompu les rois et les nations. Plus d'orthodoxie à suivre que celle du Seigneur qui est appelé Évangile, et que j'appelle le Code de nos âmes. Il y a beaucoup de gens qui se croient des docteurs. Il y a beaucoup d'admirateurs, de propagateurs, mais aveugles de la révélation que nous a transmise Emmanuel Swedenborg. Mais, ni la Suède qui l'a vu naître, ni l'Angleterre qui fut presque l'entrepôt des travaux de ce prophète de la régénération, ni en Russie, ni en Allemagne, ni en Amérique, ni en Suisse, ni en Belgique, ni en France, de tous ceux qui se disent Novi Jérusalemites, excepté trois ou quatre au plus, aucun d'eux n'a su, faute de courage ou de lumière, se mettre au-dessus des préjugés *scientifiques et sociaux*, pour pratiquer ostensiblement toutefois dans sa famille même le culte universel de l'église du Seigneur. Je parle ainsi parce qu'il faut propager la vérité que je prêche toujours par les exemples, *il est facile de s'en convaincre*, mais je dis à mes semblables, parce que je suis conséquent avec moi-même, ne vous en rapportez pas à moi, ne vous en rapportez à personne, discernez, comprenez toutes les choses avant de juger, servez-vous de votre raison, car on n'est homme qu'à cette condition ; si vous voulez appartenir à Dieu, voici ce que dit le Seigneur, Mathieu, ch. XIII v. 19 : Celui qui ne comprend pas représente la mauvaise terre et ne porte point de fruit. V. 23 : Celui qui comprend représente la bonne terre parce qu'il porte du fruit.

Que ceux que j'ai appelé mes frères, et que le monde entier sache que je ne puis cesser d'aimer sans cesser d'être, sans la vraie intelligence on ne peut me comprendre.

Proverbe de Salomon, XXIX, 18. Lorsqu'il n'y a point de vision, le peuple est abandonné. Bienheureux est celui qui garde la loi.

La plus belle page de l'histoire de France est déjà faite en esprit, mais je ne vois aucun homme capable de la manifester à cette époque ; mais il sortira et sera suscité d'entre les enfants de la nouvelle génération ! sa voix retentira partout : car l'ange, et l'homme de bien l'attendent : parce qu'il guérira le monde de sa lèpre, son nom me sera révélé, cet Envoyé supportera la présence de Dieu et la lumière de son front ; par cela la pensée de cet homme sera unie à la puissance divine : car Dieu le tiendra dans sa main droite comme un rayon ; comme l'émanation de lui-même!!!

Je le déclare hautement et sans crainte : les hommes que le Seigneur a désignés sous le nom de renard s'ils font les sourds aux avertissements, la révolution qui se prépare fondra sur eux et ils périront sur toute la surface de la terre. Je ferai connaître ceux qui portent le nom de renard quand cela me sera commandé....

INTRODUCTION.

L'ouvrage que je présente aux penseurs, aux hommes de sens, est de l'immortel Swedenborg. Cet auteur est méconnu et méprisé par les amateurs et les propagateurs de la vaine gloire ; mais autant il a été méprisé par ces gens-là, autant il sera estimé et admiré de tous ceux qui sondent leur cœur pour découvrir la vérité. Je le déclare, je suis instruit pour rendre ce témoignage ; je vais donner un aperçu de ce que j'avance ici. Je manquerais de modestie, de discernement, de raison même, si je me permettais de faire son éloge, non parce qu'il est un grand écrivain, mais parce que de son état naturel il est parvenu, par ses qualités, à obtenir du Seigneur la faveur de vivre et de voyager dans le ciel ; vivant sur cette terre, son âme et son esprit se dégageaient de sa matière terres-

tre; cela fut ainsi, parce qu'il est dans les
décrets de la Providence d'instruire le
genre humain des choses spirituelles,
célestes, et du but ou des fins pour lesquelles il est créé. Cette science de
l'âme, si utile à connaître, est révélée
et expliquée d'une manière admirable
dans les ouvrages de Swedenborg, mais
surtout dans les *Merveilles du ciel et de
l'enfer*, et dans la *Sagesse angélique*. J'ai
voulu, par ce détail, faire comprendre
à mes semblables que l'homme avait une
meilleure destinée et une place dans le
ciel, s'il s'en rendait digne. La *Clef hiéroglyphique des arcanes spirituels et naturels* par Swedenborg conduit à la connaissance du principe d'amour et de
sagesse. C'est aussi la base sur laquelle
reposent toute la science philosophique et celle par laquelle on peut connaître les attributs de l'homme, les attributs de Dieu et de l'univers.

J'ai vérifié cet ouvrage important avec
un frère éclairé qui est M. Lino de Zaroa,
prêtre retiré du principe catholique

romain. De tous mes frères qui ont reçu l'influence du ciel et qui agissent avec amour pour la régénération de l'homme, il est à peu près le seul qui ait pu supporter sans rougir la présence du feu qui m'anime pour travailler à la régénération de l'espèce humaine, afin qu'elle se réhabilite avec son créateur. Ce frère a su, comme moi, se dégager de tous les préjugés sociaux, de toutes les routines de la fausse instruction et de la fausse science des théologiens et des prétendus philosophes, qui tiennent, par leur marche inconsidérée, le cœur et l'esprit du monde en captivité pour faire croire à leur pouvoir factice; leur force n'est que dans le mal et dans les abus de confiance. Nous qui rejetons et méprisons leur pouvoir, notre bonheur, nous le trouvons en Dieu seul. Nous savons que la crainte du Seigneur est la vraie sagesse, et qu'éviter de faire le mal est la parfaite intelligence.

Le principe de la foi nouvelle est dans la raison, c'est la connaissance du Christ

comme il est écrit dans l'Évangile de Jean
VIII, 19, 28, 32 ; XIII, 19 : Marc, XIII, 37.

Or ce que je vous dis, je le dis à tous :
veillez. Ici on reconnaît que le Seigneur
n'a pas fait de supérieur ni d'inférieur. La
liberté de conscience, la faculté d'agir, la
foi éclairée, l'esprit raisonnable, sont les
attributs qui constituent l'homme raisonnable ; et le jugement sain, mis en pratique, le conduit à la religion universelle
ou à la vraie philosophie. Alors plus d'orthodoxie, plus d'aristocratie religieuse,
plus de sectaires qui couvrent Dieu de
leur orgueil. Le Christ est le seul guide
que nous devons suivre, c'est notre seul
bon pasteur et le seul docteur que nous
devons écouter. Par la vraie science l'on
n'admet qu'un seul code, et c'est l'Evangile, car il est facile d'y reconnaître les
institutions divines, ou de l'homme universel dont les attributs sont la puissance, l'amour et la sagesse.

Jusqu'à ce jour, on a été dans le doute
que l'homme universel était Dieu. On a
par cela méconnu la vérité ; car la puis-

sance, ce moteur de la vie, ne peut être
partout et opérer partout, si elle n'a un
centre qui contient la force motrice et
active d'où découlent tous les effets qui
composent la création. On dit que l'homme a la forme humaine, c'est une grande
faute, car on doit dire que nous avons la
forme divine. On comprendra avec le
temps que la vérité et la sagesse et l'a-
mour découlent d'un centre parfait qui
est l'homme parfait.

Ainsi, nous pouvons connaître et comprendre notre Père, puisqu'il est l'homme exemplaire, le seul qui soit parfait.
La puissance active, l'amour, la sagesse,
sont les attributs qui le constituent. Nous,
ses enfants, nous pouvons donc connaître notre essence spirituelle et Dieu lui-
même, car nous savons ce que c'est que
de produire, ce que c'est que d'aimer,
ce que c'est que de conserver. Ainsi,
l'homme même, dans son état naturel,
peut discerner que les choses divines
sont exemplaires, que les choses humaines sont les types ou la ressemblance,
et apprécier que l'amour et la sagesse

sont le miroir de la vie éternelle, dans lequel l'homme sage peut voir le reflet de toutes ses actions délicates.

Tout ce qui est amour, sagesse, affections délicates, est compréhensible à l'homme ; car ce sont des choses rationnelles, et Dieu, par sa providence divine, en le gratifiant de son esprit, l'a aussi pourvu de tout ce qu'il faut pour apprécier les choses divines ou les choses raisonnables.

J'ai voulu aider mon lecteur pour le conduire à se juger lui-même, afin qu'il me connaisse avant de se prononcer. Tout ce qui est dans l'ordre divin est compréhensible, parce que l'esprit sage reçoit la lumière divine, et l'homme vertueux n'est sage que par le concours de la divinité qui tend toujours à le conduire vers sa perfection ; et plus Dieu donne de sagesse, plus il est riche ; mais l'homme ne peut acquérir de sagesse, s'il ne la recherche en Dieu. Puisqu'il en est ainsi, Dieu, qui est amour, ne peut rien refuser à sa créature, parce qu'il l'a faite pour cet effet. C'est également en cela que nous pouvons reconnaître que Dieu nous traite en frères. Le Christ nous l'a prouvé en nous appelant ses frères.

Que l'homme fasse bien attention à ceci : tout ce qui n'est pas compréhensible n'est pas de Dieu. Je vais tâcher de m'expliquer d'une manière sensible et à la portée de tous. L'opposé de l'être puissance, amour et sagesse, est un ennemi commun, incompréhensible, parce qu'il est opposé à la raison. Il ne se connaît pas lui-même. C'est un être qui ne crée rien, qui produit le désordre et qui détruit toujours. Je crois donc être rationnel en disant : qu'il est impossible à tout homme raisonnable de comprendre et d'expliquer la vie d'un être qui ne crée rien, qui produit le désordre et qui détruit toujours. Je sais que cet être est Satan ou le diable, que les catholiques romains ont fait et font encore adorer sous le nom du mystère, qu'ils appellent le Dieu incompréhensible. Il est bien évident qu'il n'y a que le principe du mal qui est le mystère, ce qui veut dire, l'opposé des choses raisonnables. C'est pour cela que, sans s'en apercevoir, les prêtres sont couverts de vêtements noirs qui sont la représentation de leur affection ténébreuse; car le noir correspond directement aux imperfections et aux princes du mensonge ou aux mystères. M. Lino, ancien prêtre, mon frère en la foi nouvelle, est trop éclairé et trop sage pour propager les faussetés. Son cœur droit lui fit rechercher la paix de sa conscience, et, comme l'a dit le Seigneur, Ev. de Jean, VIII, 32 : *Et vous connaîtrez la vérité, et la vérité vous affranchira.* Maintenant qu'il est véritablement libre, il rend ostensiblement, comme moi, ce témoignage, que Swedenborg a dévoilé le sens intime des Ecritures divines, et qu'il a été dirigé par la divine providence pour annoncer la religion spirituelle qui doit s'établir pour préparer le second avènement du Seigneur, ou le règne de Dieu sur la terre. Quiconque lira les ouvrages de Swedenborg, s'il juge de tout ce qu'il lira par l'inspiration de son cœur, sera satisfait de ce que j'avance ici.

Je dois le dire, tous les gens qui ont critiqué et prétendu tuer ou anéantir les ouvrages de Swedenborg, en cherchant à en dégoûter le lecteur, se sont jugés eux-mêmes indignes de la confiance qu'on a pu leur accorder. Ils se sont tués moralement et scientifiquement. Je plains sincèrement ces êtres dégradés qui n'ont de l'homme que l'apparence et la forme extérieure.

En faveur des idées de réforme et contre les abus qui avilissent l'espèce humaine, il y a en France beaucoup de discours, beaucoup de discussions; mais voilà tout! Les Chambres, l'Institut fourmillent d'expressions humanitaires!!! Le Collége de France surtout est l'écho des organes les plus célèbres à cet effet; mais leurs auteurs, là comme autre part, n'ont produit aucun effet que l'écho.

Les théologiens savent bien que leur doctrine a besoin d'être réformée; mais chez eux la dégradation est tellement enracinée qu'ils veulent bien réformer les autres, mais non eux-mêmes. Ils caressent de préférence leurs passions, leurs affections honteuses ; l'hypocrisie est leur manteau favori. Tous les savants de notre époque n'ont qu'une lueur de la vérité, sont trop faibles et manquent de caractère pour prêcher par les exemples, ils ont tous l'orgueil de dire à leurs semblables : *Permets que j'ôte la paille qui est dans ton œil.*

Mais le Christ les a jugés d'avance : *Hypocrite, ôte premièrement la poutre qui est dans le tien.* Nous savons maintenant que tout homme qui est sincère en public dans ses discours prêche dans sa maison au moins par les exemples. Pour l'homme qui connaît l'Évangile, il est évident que c'est Dieu lui-même qui est venu sur la terre sous le nom de Jésus-Christ, afin que l'homme connaisse que les choses exemplaires lui ont été manifestées pour servir de modèles à l'humanité entière. Maintenant que doivent faire un époux, un père ou un chef d'établissement ? Ils doivent servir de modèles ou de guides dans leurs maisons. Plus de prêtres salariés, la morale le

défend, la morale est une chose divine ;
il est immoral de trafiquer sur les choses
du ciel. Les pères et mères se plaignent de
la dépravation et du manque de respect
qu'ont pour eux leurs enfants. Cela est la
punition qu'ils méritent, parce que les
pères et mères ne respectent pas les con-
ditions de leur union conjugale ; ne vou-
lant pas servir de modèles à leurs enfants,
ils. les envoient à des hypocrites pour
faciliter et développer le germe de la dégradation qu'ils leur ont incrusté dans le
cœur. Si les pères et mères respectaient
bien le lien qui les unit , ils aimeraient
leurs enfants par leur affection délicate,
et les enfants seraient plus sensibles ,
plus respectueux pour les pères et mères
et pour la société tout entière. Je ne ca-
cherai point la vérité. L'homme a reçu
de son créateur le pouvoir, mais en
même temps la responsabilité, et s'il y
a du mal de fait, c'est à l'homme d'en
supporter les conséquences ; il faut que
je porte le fardeau du coupable, Dieu et
moi, nous le savons. Je prêche par les
exemples pour réhabiliter la femme que

le clergé romain a traînée dans la boue.
Si la femme est légère, volage et dépravée,
c'est la faute de l'homme; quand l'homme
sera vertueux, la femme sera vertueuse;
quand les parents seront vertueux, les
enfants le seront. Tout le monde sait
qu'on ne cueille point de figues sur des
chardons, ni de raisins sur des ronces.

On fait par erreur deux camps de la
fausse philosophie et de la catholicité
romaine; car le faux, quoique divisé
par le désordre qui le constitue, ne fait
cependant qu'un, comme aussi la vraie
philosophie et la vraie religion ne font
qu'un et sont inséparables, car la vraie
philosophie c'est la vraie religion de la
raison mise en pratique; l'homme ne peut
être philosophe qu'autant qu'il aime Dieu
et le prochain. Je le demande à toute
personne de bon sens, la vraie religion n'a-t-elle pas sa source dans le
principe philosophique? Il ne peut en
être autrement, attendu que le principe
philosophique est Dieu lui-même. Les
théologiens du catholicisme romain, qui
forment l'aristocratie de cette secte

antipathique à l'Evangile, rejettent le principe philosophique comme dangereux, parce qu'il détruit leur pouvoir qui ne consiste qu'à fausser les saintes Ecritures pour détruire le jugement de l'homme, afin de dominer par les erreurs qui sont constituées en pouvoir légalisé par le prince du mensonge. Ainsi leur principe, leur force corruptrice est le Diable. Voir Ev. de Jean, VIII, 43 et 44, etc. *Toute réforme solide et utile gît dans le cœur de l'homme de bonne foi.*

Je vais tâcher d'ouvrir les yeux à un grand nombre de mes frères qui ont cru posséder dans leur cœur le nouveau principe religieux. Je dois prouver qu'ils n'ont dans l'esprit que l'apparence de cette vérité; car un grand nombre rendent témoignage contre eux, puisqu'ils ne sont pas sincères. Si on publie leur nom, la tristesse s'empare d'eux, on les afflige, et ils n'osent cependant donner de démenti public. A quoi sert de se poser en réformateur, si l'on ne veut pas être connu, et si vous voulez que l'on prononce votre nom à huis clos? Pour-

quoi se cacher derrière un rideau, comme les hypocrites ? Vous êtes témoins contre vous-mêmes que vous n'êtes pas sincères. Rougissez-vous de ce que l'on vous appelle pour servir de témoins que la vérité a des partisans ? Il serait de la dernière dégradation, après avoir connu Dieu, de préférer la soumission aux préjugés mondains. Réfléchissez, jugez maintenant si vous êtes dignes d'appartenir à la nouvelle doctrine du Seigneur, qui a dit : « Ce qui vous a été dit dans le secret vous le prêcherez dans la lumière; et ce qui vous a été dit à l'oreille sera prêché sur les toits. » Pour moi, je ne redoute point votre faux jugement ni le ridicule des hommes en général; en Dieu seul j'ai mis toute mon espérance.

Ce que j'ai manifesté est pour servir de témoignage que la vérité a des disciples.

Frères, qui avez méconnu la franchise, pourquoi êtes-vous si faibles, quand vous savez que c'est en Dieu que réside toute prudence? Qu'avez-vous à craindre du monde, si vous êtes les ser-

viteurs de Dieu ? Apprenez donc que
notre frère Lino de Zaroa, qui est le
plus éclairé et, je crois, le plus pru-
dent de vous tous, sans vous faire in-
jure, a agi franchement avec moi, sans
redouter les observations ni les sarcas-
mes de ceux qui me méconnaissent.
Il s'est prononcé en faveur de la vérité,
car la lumière et la vraie doctrine forment son principe.

Ceux de vous qui rougissent de mettre
leur nom en évidence dans leurs écrits
dictent leur propre sentence, en se ca-
chant sous la responsabilité d'un autre
qu'ils ont égaré par leur mauvais exemple. *Son œuvre périra certainement.*
Qu'ils apprennent de moi que la crainte
de Dieu est la vraie sagesse; et qu'é-
viter de faire le mal, c'est la parfaite
intelligence. Vous n'avez donc pas compris, frères, que celui qui a reçu le
feu nouveau dans son cœur est représenté par ce passage : « On n'allume pas
une chandelle pour la mettre sous un
boisseau. » La chandelle allumée signifie
que tout homme qui a reçu le don de

Dieu ne doit pas être caché ; mais il doit publier hautement la vérité, et j'ai fait ce qui est commandé ; j'aurais même été puni en gardant le silence. Ouvrez vos cœurs sans réserve à la vérité, c'est le seul chemin de la vie éternelle.

Un ouvrage très important de Swedenborg et qui se lie à celui-ci, se trouvera réuni à la *Clef hiéroglyphique* : c'est le *Commerce de l'âme avec le corps*, ainsi que l'explication du cheval blanc dont il est parlé dans l'Apocalypse, traduit par M. P**.

———

A LA LIBRAIRIE DE LA TROISIÈME ET DERNIÈRE ALLIANCE DE DIEU AVEC SA CRÉATURE, RUE CROIX-DES-PETITS-CHAMPS, 15.

On trouve tous les ouvrages relatifs à la régénération de l'homme. Je dois prévenir aussi que j'ai annoncé que le *Devine amore* et la *Divina sapientia* de Swedenborg seraient publiés par moi ; mais je dois le dire, pour rendre hommage à la vérité, mon frère Lino de Zaroa les a fait paraître en français.

De tous les ouvrages traduits de Swedenborg, on trouve ceux qui suivent à ladite librairie :

La vraie religion chrétienne.

Doctrine de vie pour la nouvelle Eglise.

Le Jugement dernier.

Les délices de la sagesse sur l'amour conjugal. On ne devrait pas se marier sans connaître cette production.

La sagesse angélique sur la divine Providence.

La sagesse angélique sur le divin amour.

L'Apocalypse révélée.

Les merveilles du Ciel et de l'Enfer.

Des terres dans l'univers.

Le Commerce de l'âme avec le corps, le Cheval blanc dont il est parlé dans l'Apocalypse, sont réunis à *la Clef hiéroglyphique.*

Les ouvrages de Swedenborg ci-dessus détaillés ne sont qu'une petite partie de ses productions ; ils portent leur recommandation et sont bien au-dessus de tout éloge. C'est pour cela que je garderai le silence, car l'homme éclairé reconnaîtra de lui-même, s'il lit avec attention, que ces ouvrages manifestent la volonté divine pour le bonheur et pour détruire le doute qui est dans l'esprit abusé de la créature. On verra, dis-je, que Dieu a posé son sceau sur l'auteur et sur ses écrits, qui confirment la base scientifique de la *Troisième et dernière alliance de Dieu avec sa créature.*

L'ouvrage dans lequel sont manifestés et expliqués la mise en pratique des nouvelles fêtes religieuses que nous devons à notre Seigneur, les devoirs que les enfants doivent remplir vis-à-vis de leurs parents et des parents envers les enfants, les devoirs de fraternité entre nous, le mode du nouveau baptême ou du baptême spirituel annoncé dans l'Évangile de Jean, I, 26, 33, 34 ; le mode du nouveau mariage, enfin le culte de famille ou plutôt le culte spirituel prédit dans l'Évangile de Jean, IV, 21, 22, 23, 24 ; dans l'Apocalypse, XXI, 1, 2, 3, 4, 5, 6, 7 ; cet ouvrage, dis-je, est intitulé : *Troisième et dernière alliance de Dieu avec sa créature.*

Les notes par lettres alphabétiques de la *Clef hiéroglyphique* sont de moi.

LA CLEF HIÉROGLYPHIQUE

DES

ARCANES NATURELS ET SPIRITUELS,

PAR VOIE DES REPRÉSENTATIONS

ET DES CORRESPONDANCES.

———◦———

EXEMPLE Ier.

Aussi longtemps que se prolonge le mouvement, aussi longtemps dure l'effort; car l'effort est la force motrice de la nature; mais l'effort seul est une force morte.

Aussi longtemps que continue l'action, aussi longtemps continue la volonté; car la volonté est l'effort de l'esprit humain pour agir. De la volonté seule ne découle aucune action; l'opération de Dieu est aussi perpétuelle que sa providence, parce que de sa providence découle sa volonté divine pour opérer; mais de la providence seule ne peut résulter aucune opération.

Les choses suivantes se correspondent mutuellement entre elles.

Ces choses sont :

1° *Le mouvement, l'action, l'opération.*
L'action au premier abord est aussi attribuée à la nature; par cette raison au lieu du mot mouvement, on aurait pu substituer celui d'action, mais toute action proprement dite découle d'un principe qui peut agir de soi-même et dans lequel réside une volonté; par consé-

quent de l'esprit humain découle l'action de l'âme humaine (a). En parlant de la divine providence, on emploie aussi le mot action, mais plus fréquemment le mot opération, quoiqu'il ne soit pas du langage spirituel.

2° *L'effort, la volonté, la providence.*

L'effort est un mot purement naturel ; mais pour ce qui est de la volonté, c'est un mot qui appartient à l'esprit, à l'être raisonnable ; la providence appartient à Dieu seul. La volonté et l'effort se correspondent mutuellement (*voyez* au paragraphe de la volonté). Quant à la providence on le voit en ceci (b). Ainsi que la volonté contient toute action humaine, de même la providence contient toute opération divine ou sa volonté universelle.

3° *La nature, l'esprit humain, l'esprit divin, ou Dieu.*

Dans la première classe sont contenues

_____

(a) On voit ici que l'esprit est le moteur de nos actions et l'âme son instrument.

(b) Comme l'âme contient l'esprit.

toutes les choses purement naturelles ;
dans l'autre, celles qui sont rationnelles
et intellectuelles, par conséquent les
morales ou les attributs de l'esprit humain ; mais dans la troisième sont ren-
fermées les choses théologiques et divines : c'est pourquoi ces choses se
correspondent mutuellement.

Confirmation des propositions.

1° Le mouvement dure aussi longtemps
que l'effort, c'est l'avis général des philosophes ; car ils disent que dans le
mouvement il n'y a de réel que l'effort,
et aussi, que le mouvement n'est qu'un
effort perpétuel : au lieu de mouvement
on peut substituer le mot action, qui
peut être aussi purement naturelle quand
elle découle d'une force suivie d'un effet
matériel.

2° L'effort est la force motrice de la
nature ; c'est un axiome de la philosophie ; la force consiste dans un effort
continuel pour agir, et cette force est
le principe des actions et des mutations ;
de là, la force motrice consiste en un

effort perpétuel pour changer de place.

3° L'effort sans mouvement est une force morte, cela est conforme à la règle philosophique de Clar Wolf, qui dit que la force morte est celle qui se borne à l'effort seul, et qu'une force vive est celle qui est accompagnée d'un mouvement local.

4° Par la volonté j'entends celle de l'homme qui part de l'esprit raisonnable, d'où suit une action raisonnable. Il y a aussi des actions animales qui découlent d'une volonté émule de la raison.

5° Il y a une providence sans opération, c'est manifeste par les saintes Écritures, car il y a positivement des esprits humains (mais aveugles) qui rejettent l'opération et la providence divine tout entière. L'on ne peut dire que sa volonté cesse d'agir, quoique son opération ne soit pas aperçue, ni suivie du but de sa providence ; de même qu'on ne peut dire que la volonté humaine cesse, quoiqu'elle ne soit suivie d'aucune action.

Règle. 1° La première classe, je l'appelle la classe des choses naturelles (c); la seconde classe celle des animaux raisonnables, laquelle embrasse aussi des choses morales; mais la *troisième classe* comprend les choses spirituelles ou théologiques.

2° La matière principale ne doit pas être exprimée par les mêmes mots, mais par des mots différents. Ainsi, à chaque classe, il faut appliquer les mots techniques, comme ceci : *effort, volonté, providence.*

3° Certainement, il ne semble pas au premier abord que ces mots signifient et représentent la même chose, parce que l'on ne comprend pas de suite que la volonté correspond intrinsèquement à l'effort, comme la providence à la volonté; ni que l'esprit raisonnable correspond à la nature, et Dieu à l'esprit raisonnable; ainsi du reste.

_____

(c) Je l'appelle celle des choses minérales végétales et animales.

4º Les mots purement naturels doivent être expliqués par des mots naturels, les plus clairs et les plus intelligibles ; il en est ainsi de la classe des mots rationnels, qui doivent être expliqués par la classe des mots naturels ; les mots de la classe théologique doivent être expliqués par des mots de la classe des rationnels : comme l'effort est défini par la force d'agir ; la volonté, par la force d'action de l'esprit humain ; et la providence, par la volonté de son opération divine, ainsi de suite.

5º Dans beaucoup de circonstances, il est permis de se servir des mêmes mots et même de semblables pour chaque classe en particulier. S'il en était autrement le sens serait trop obscur (et la pensée trop gênée), comme ces mots : « combien de temps, durer longtemps, continuer, unique, est, suit, et, » ne sont point des mots essentiels, et quoique ceux-ci puissent être transformés également dans d'autres mots propres à une classe quelconque, il vaut mieux, pour la clarté, les répéter, faciliter et retenir les termes habituels pour l'avantage de l'entendement.

6° Aussi une formule d'une classe peut être expliquée par plusieurs autres et par périphrase, comme ceux-ci : l'effort seul est une force morte.

Dans les classes suivantes on dit : la volonté seule est un effort qui n'est suivi d'aucune action, cela veut dire inaction, car c'est la même chose qu'une action morte, car ce mot action morte est moins agréable à l'oreille ; il en est de même dans la troisième classe ou classe théologique.

EXEMPLE II.

Dans toute la nature il existe un principe actif, intrinsèquement uni avec son effort. Par cette raison, tel est le principe, telle est sa faculté d'agir, telle

est la faculté, tel est son effort;
et tel est l'effort, tel est aussi le
mouvement; par conséquent tel
est aussi son effet.

Il y a dans chaque esprit humain une intuition pour former
son amour vers un but quelconque, et inhérent à sa volonté dominante; c'est pourquoi tel est
l'amour, tel est le désir; tel est
le désir, telles sont l'affection et
la volonté dominante; telle est
la volonté dominante, telle est
aussi l'action, et par conséquent
telle est l'obtention du but.

Il y a en Dieu un amour le
plus pur pour nous et pour notre
salut, tel est le but de la création;
cet amour est inséparable de sa
providence; en conséquence, tel

est son amour, telle est aussi son affection ou sa providence ; et telle est sa providence, telle est aussi son opération pour notre salut, qui est la fin des fins.

L'ordre est très-parfait, et le monde représentatif, qui est le nôtre, le serait aussi, s'il y avait accord entre la providence divine, ainsi qu'entre les volontés et les fins de l'esprit humain, comme aussi entre les efforts et les effets de la nature ; mais cet ordre est imparfait et le monde aussi, s'il y a désaccord entre ces choses, et cela existe suivant le degré auquel elles diffèrent entre elles.

Les choses suivantes se correspondent :

1° *Le principe actif, la perspective du but, l'amour de l'objet de la création, ou notre salut en Dieu.*

Il paraît étrange au premier examen, au premier coup d'œil, que l'amour en Dieu correspond avec le principe actif dans la nature ; mais Dieu étant le principe et la fin de toutes choses, on ne peut admettre un principe actif en Dieu si ce n'est lui-même. On peut comprendre le principe de sa providence, car la providence est opératrice. Le principe ne peut donc être autre chose que son amour le plus pur pour les hommes, et pour leur salut qui est le but de la création.

2° *L'effet, le but, la fin de toutes les fins, ou le salut des âmes.*

L'effet, d'après l'ordre des classes, est de la nature, mais le but est de l'esprit humain ; car les esprits voient premièrement les fins, puis les effets ; si l'on jugeait bien, on discernerait facilement que les effets ne sont que des causes purement instrumentales, qui servent à produire les fins.

Il est irrationnel et purement humain de conclure de l'effet à la fin, c'est-à-dire de ne concevoir que des choses présentes et de ne rien discerner concernant les choses futures. Mais les esprits humains ne regardent que les fins particulières ; la fin de toutes les fins, ou le but universel de toutes les choses raisonnables, est Dieu lui-même ; il doit être décrit, pour que l'homme comprenne *ce qui est*, c'est-à-dire la société céleste des anges ; savoir, le salut du genre humain.

3° *La faculté, la bienveillance, la grâce* (*d*).

Il est évident que la bienveillance appartient à l'homme et que la grâce ou l'amour appartient à Dieu ; mais dans la nature nous devons chercher ce qui y

---

(*d*) Quand je dis la grâce, j'entends l'amour de Dieu se communiquant aux hommes comme la vie même, et non pas la grâce qui sauve les âmes sans les œuvres, comme le prétendent les Églises de la foi aveugle, par cela irraisonnables.

correspond. Il n'y a point de doute que ce ne soit la plus petite comme la plus grande faculté, les penchants ou l'empressement d'agir, c'est-à-dire la facilité de laquelle découlent les facultés qui peuvent s'appeler aussi pouvoir, puissance et possibilité.

Confirmation des propositions.

1° Il est reconnu, par tous les philosophes qui donnent des explications sur la nature, qu'elle est un principe producteur. Cela peut être démontré par la définition qu'en donne le philosophe Clar Wolf. (Il dit en parlant de la nature) : La nature universelle ou la nature simplement dite est un principe de tous les changements dans le monde, c'est-à-dire la représentation de toutes les forces actives ou motrices, ou l'ensemble de toutes les forces motrices, qui est, savoir, de tous les efforts (car l'effort consiste dans la force); de sorte que ce principe doit être inné dans l'effort. Aristote dit aussi que Dieu et la nature ne font rien inutilement, mais toutes les choses pour une fin. Ainsi, le principe actif, les efforts ou les effets sont de la nature, mais les fins sont de Dieu. Cependant la fin et l'effet simultanément appartiennent à l'esprit humain ou à l'homme.

2° L'amour de la fin est inné dans la volonté de l'esprit humain; c'est assez constant, car la volonté se décide rarement à agir sans être excitée en quelque sorte par l'amour ou le désir de quelque fin. (Voir où l'on parle de la volonté.)

3° La fin est en Dieu seul. La nature, par sa propre spontanéité, concourt à produire les fins par les effets, cela est suffisamment démontré, parce que Dieu est au-dessus de la nature et qu'il n'a rien de commun avec elle; car la nature est l'ouvrage de Dieu; elle a été créée et formée pour produire les fins de la divine Providence, qui a établi les correspondances et les représentations; le but de la création ne peut être autre chose que la société universelle des âmes sages et éclairées qui regardent Dieu comme la fin de tout.

Règle. 1° Il y a deux moyens de nous assurer si nous sommes dans la vérité, que la vérité physique est dans la première classe ; c'est ainsi démontré par la seconde et la troisième, ou la morale et la théologie. La vérité morale est aussi démontrée par la classe physique et théologique, car toutes ces choses doivent concorder et s'entr'aider pour confirmer la vérité elle-même, quand il y a accord et correspondance ; s'il y a désaccord quelque part, c'est alors un indice d'erreur.

2° Il se joint encore une autre preuve, savoir : toutes les choses qui sont contenues dans les trois classes s'accordent tellement que, comparées entre elles, elles produisent une quatrième vérité, comme ici, par exemple, pour savoir si le monde représentatif est parfait, il faut voir s'il y a accord entre la providence de Dieu, les volontés et les fins des esprits humains, ainsi qu'entre l'effort et les effets de la nature. On s'aperçoit alors que l'une est exemplaire, l'autre le type et la troisième simplement le simulacre ; parce que toutes les choses divines sont les exemplaires, toutes les choses intellectuelles, morales et civiles sont les types et les images ; mais les choses naturelles et physiques ne sont que des vérités apparentes ou simulacres. Ainsi les exemplaires, les types et les simulacres se représentent mutuellement parce que leur correspondance et leur harmonie sont mutuelles ; car si nous avons suivi attentivement leur rapport, nous découvrons facilement qu'elles se lient entre elles et que l'une fait connaître l'autre.

EXEMPLE III.

Il n'existe aucun mouvement sans effort, mais il y a effort sans mouvement ; car si tout effort était suivi d'un mouvement manifeste et dominateur, le monde périrait, attendu qu'il n'y aurait aucun équilibre.

Aucune action ne peut avoir lieu sans une volonté quelconque, mais la volonté peut exister sans l'action; si toute volonté était suivie d'une action perpétuelle et manifeste, l'homme cesserait d'être, car il n'y aurait aucun équilibre ou raison modératrice.

Il ne peut y avoir aucune opération divine sans une providence; mais il existe une providence non opérante ou non agissante. Si toute providence était agissante et opérante, la société humaine ne pourrait subsister telle qu'elle est, car nous ne pourrions faire aucun usage véritable de la liberté humaine ou raisonnable.

Correspondance.

1° *Le monde, l'homme, la société humaine*, car l'homme est appelé microscome ou petit monde, et la société humaine le grand monde, ou, en bon français, simplement le monde. Pour que le monde existe, il faut une nature; pour que l'homme existe, il lui faut un esprit raisonnable; pour qu'une société humaine existe, il faut qu'il existe un Dieu et que ce Dieu soit en communication avec elle. Tout ce qui est divin s'aperçoit dans la société humaine et se fait remarquer principalement dans la société très-universelle ou société céleste des âmes appelées et devenues anges.

2° *L'équilibre, contre-poids rationnel*, ou une *raison modératrice, le vrai usage de la liberté*: Il y a plusieurs choses qui empêchent la volonté humaine d'être sui-

vie d'aucune action harmonieuse ou manifeste, lesquelles choses sont comme
des brides et des barrières continuelles,
savoir : les choses indécentes, honteuses,
les diverses amours ou concupiscences,
qui se retiennent les unes les autres, la
crainte, la peur, les nécessités, les im-
possibilités; pour qu'il y ait équilibre
entre les esprits raisonnables, il faut une
raison modératrice, prudence ou contre-
poids d'une autre manière aussi, l'équité
correspond à l'équilibre, là seulement
où il s'agit du juste et de l'injuste.
Le véritable usage de la liberté, c'est le
même équilibre de la société humaine ;
mais l'abus de la liberté est la destruc-
tion de l'équilibre ; c'est pour cela qu'il
y a des modes et des formes diverses de
gouvernement, qui sont composés d'au-
torités diverses et de simples citoyens;
puis des peines et des récompenses pour
le seul objet de réprimer la licence et
pour que la liberté accordée à chacun
soit vraiment profitable à tous et sans
partialité; de même on peut compren-

dre que, si Dieu régnait par sa volonté absolue dans le monde, la liberté, telle qu'elle est, resterait nulle ; et, sans liberté, il n'existerait rien du propre de l'homme, aucune société telle qu'elle est maintenant, ne pourrait subsister (*voyez* Liberté.)

Confirmation des propositions.

1º Le monde serait détruit si tout effort était suivi d'un mouvement manifeste ; car il n'y a dans tout l'univers aucune substance à laquelle il n'ait pas été accordé une force et un effort pour agir, c'est-à-dire une force appropriée à sa nature, et cela même dans les corps graves et les éléments. Les parties de l'atmosphère le démontrent clairement ; elles tendent toujours à prendre de l'extension, cela est constant et avéré ; mais il est aussi avéré que les individus s'empêchent d'avancer et se tiennent en respect mutuellement. Il résulte de cette position un équilibre qui est autant particulier que commun.

2º Il en serait de même si toute volonté

était suivie d'une action manifeste, parce qu'il est clair que tout homme, tel qu'il est, périrait, ou il serait sans aucun esprit raisonnable sur cette terre, car l'homme n'est homme qu'autant qu'il est un esprit rationnel. L'humanité ne consiste que dans le pouvoir de mettre un frein à ses concupiscences, ainsi qu'à ses tendances folles pour agir. Par cette raison, l'homme privé de ses pouvoirs cesserait d'être homme tout à fait. Outre cela, il a des sens internes, ou des *motoriats* (e) que l'on peut comparer aux muscles du corps matériel, afin qu'il y ait une harmonie complète dans l'esprit comme dans la chair. Ceci établit un équilibre rationnel et commun dans toutes les parties internes et externes, pour qu'elles se déterminent simultanément à l'action; car l'action résulte d'une force particulière qui prévaut sur les forces communes;

3° Qu'il y ait une providence divine

(e) Ces choses sont propres à l'essence spirituelle, propres à l'usage de l'âme et de l'esprit.

non-opérante ou inefficace, c'est prouvé par la théologie. Dieu a voulu sauver tous les hommes, et, pour cet effet, il les a pourvus de moyens suffisants; mais cette volonté universelle de Dieu, ou la providence divine, n'obtient pas toujours son effet; car il y a des personnes qui résistent à la grâce, ou plutôt à l'influ divin; la providence divine ne peut donc être efficace ni opérante pour ces mêmes personnes (f).

————

EXEMPLE IV.

Dans tout effort, il y a une direction et une vitesse.

Dans toute volonté il y a une

————

(f) On peut comprendre maintenant que Dieu ne peut sauver les âmes perverties par sa grâce ni par son influ divin, lorsque sa sagesse ou son influ divin n'est pas recherché ni reçu.

intention et une détermination pour agir avec une certaine éxtension jusqu'à un certain degré.

Dans la providence il y a une disposition divine et une succession de choses. Dieu dispose, l'homme a l'intention et propose; la nature dirige ses efforts, ses effets avec empressement.

Correspondance.

1° *La direction, l'intention, la divine disposition.*

La direction qui est de la nature correspond avec l'intention et avec la détermination qui viennent de l'esprit raisonnable; car la nature est morte (*g*) : en conséquence, elle ne peut viser à aucun

_____

(*g*) C'est-à-dire il faut comprendre par ce passage

principe volontaire, mais toujours diri-
ger, autant qu'elle est dirigée.

2º *La vitesse ou célérité, la détermination d'action avec une certaine extension et
jusqu'à un certain degré, la succession
des choses.*

¶La direction et la vitesse correspondent proprement à la détermination d'action avec une certaine extension et un
certain degré, savoir, selon l'espace et le
temps.

Confirmation des propositions.

1º Dans toute volonté il y a une intention, cela résulte du sens et du langage
commun. Puisque nous désirons que nos
actions soient jugées d'après la volonté
ou l'intention qui nous guide, il est clair
que ces deux mots sont comme synony-
mes; l'expérience seule confirme que,
dans la volonté, est la détermination d'action, avec une certaine extension et jusqu'à un certain degré.

---

que la nature est privée de raisonnemen ou d'esprit.

2⁰ Dans la providence il y a une disposition divine et une succession de choses ; cela est évident sans aucune confirmation. Cependant pour que la providence existe, il y a nécessité d'une nature,
d'un monde et d'une société humaine, et
ainsi du temps, de l'espace, et de plusieurs autres choses qui appartiennent
à la nature et au monde. Comme il
ne peut être une providence de Dieu
sans une nature, de même il est néces-
saire qu'un monde soit créé pour que
cette providence puisse s'énoncer.

EXEMPLE V.

La force d'inertie et la force
passive sont le principe de
l'accélération et la cause du repos terrestre ; l'indolence et l'indifférence sont le principe d'in-

détermination et la cause de l'inaction du corps humain.

Correspondance.

1° *La force d'inertie et l'indolence.* Il n'existe dans le règne animal aucune autre chose que l'indolence, qui correspond à la force d'inertie ; sinon l'engourdissement, le froid, ou la mort. Mais il s'agit ici d'une correspondance avec l'animal qui a vie.

2° *La force passive et l'indifférence,* savoir, ceux qui ne se remuent pas, ou qui se laissent exciter pour réagir, telle est la force passive ;

3° *L'accélération et l'indétermination ;*

4° *Le repos et l'inaction.*

Confirmation des propositions.

1° La force d'inertie n'est point une force morte ; mais elle existe, quand le corps est privé de la force de réaction, dans la proportion qu'elle devrait agir, ou quand elle est privée de sa vertu élastique, elle absorbe ainsi la force qui lui est imprimée, car elle n'en rend pas autant qu'elle en a reçu;

2° Telle est la nature des petits corps d'une forme angulaire, car dans ceux-ci tous les plus petits points sont en repos, c'est-à-dire qu'ils ne jouissent d'aucune force ni effort pour agir, et cela, parce qu'il y a une résistance et une collision perpétuelle entre ces petites parties; il résulte donc que la gravité, le repos, le froid et toutes les autres choses semblables, sont purement terrestres.

3° Une telle sorte d'opposition continuelle et de direction contraire existe aussi quelquefois dans l'esprit humain, d'où résultent l'indétermination et l'inaction, qui tirent aussi leur origine de l'indolence et de l'indifférence, lesquelles sont incapables de sensation et absorbent toutes les forces.

Règles. Une classe peut manquer, mais seulement quand il n'existe aucun représentatif correspondant, comme ici; dans la divinité il n'existe aucune chose

qui corresponde à l'indolence, à l'inertie, à l'accélération, au repos, à l'indétermination ou à l'inaction, parce que
ces choses sont particulièrement les attributs de la mort, ainsi elles ne peuvent
être les attributs de la vie.

EXEMPLE VI.

Par les effets et par les phénomènes on doit juger du monde
et de la nature ; et du monde et
de la nature on doit conclure
aux effets et aux phénomènes.
Par les actions et par les inclinations, on doit juger de l'état
de l'homme et de l'esprit rationnel, et de l'homme et de son
esprit on doit conclure comme

aux actions et aux inclinations.

Par les œuvres et par le témoignage de Dieu on doit juger de l'amour et de Dieu même; on doit conclure à ses œuvres et au témoignage de son amour.

L'HARMONIE OU ANALOGIE.

Le rapport qui existe entre le monde et les hommes existe aussi entre les effets naturels et les actions rationnelles. Le rapport qui existe entre l'homme et Dieu existe aussi entre les actions humaines, les œuvres ou les opérations divines.

Correspondance.
1° Les phénomènes, les inclinations et les témoignages d'amour.

2º Il y a, en effet, d'autres phénomènes dans le règne animal que les inclinations, savoir, les sensations, les perceptions et les pensées; mais les inclinations sont les principales, d'autant plus que c'est d'après elles qu'on doit juger de la nature de l'homme et de l'état de son esprit; il en est de même des choses admirables de Dieu, puisque toutes sont les témoignages de son amour pour nous et pour notre salut.

Confirmation des propositions.

1º Il y a deux sortes de méthodes pour enseigner et pour apprendre, savoir, par les effets et par les phénomènes on peut juger du monde et de la nature, ceci est la méthode analytique; du monde et de la nature connue on peut conclure aux effets et aux phénomènes, ceci est la méthode synthétique.

2º Par le monde nous pouvons nous instruire de la divinité, ce qui est confirmé par l'Apôtre; Ép. aux Rom., chap. I, v. 19 et 20. *Tout ce que l'on peut connaître de Dieu est manifeste dans la nature, car Dieu l'a manifesté; les choses de Dieu peuvent être clairement connues depuis le commencement du monde, au moyen de celles que nous pouvons voir, telles que les choses éternelles, c'est-à-dire la puissance et la divinité de Dieu; aussi est-on inexcusable de les méconnaître.*

Règles. Des exemples individuels qui sont allégués on peut former quelque analogie; de plusieurs analogies on peut former une équation, laquelle peut de nouveau être réduite dans ses rapports ou analogies, comme les suivantes : tel est le monde par rapport à l'homme, de même sont les effets naturels par rapport aux actions raisonnables, et ainsi dans les autres : si nous indiquons le monde par M, l'homme par H, l'effet par E, l'action par A, nous pouvons alors les réunir d'une manière analytique, savoir : M, H, E, A. On démontrera autre part comment on doit les réunir et les multiplier pour en former une équation analytique, ce sont

les premiers éléments des mathémati-
ques universelles, il en a été souvent fait
mention autre part. Il y a aussi un rapport, ou analogie continuelle ; par exemple, comme le monde est à l'homme,
ainsi l'homme est à Dieu, et de là on doit
conclure que Dieu ne pénètre et ne se
manifeste dans le monde que par le
moyen de l'homme. Ainsi, par cette
raison, on doit voir que Dieu n'a rien de
commun avec la nature, si ce n'est par
l'homme qui lui sert de moyen ; de là
encore il est évident que la perfection
de la nature dépend de la perfection de
l'homme (*h*) ; car Dieu étant la sentinelle
de la nature ne dispose pas du monde
autrement que par son intermédiaire,
qui est l'homme, par le moyen duquel
il communique avec le monde.

(*h*) Il est clair que isi un bon ouvrier avait de
bons outils à sa disposition, l'ouvrage qu'il ferait
serait plus parfait que s'il se servait d'un mauvais
instrument.

Ainsi plus l'homme deviendrait bon, plus les
maux de la nature diminueraient.

EXEMPLE VII.

Il n'y a rien qui puisse arrêter
le cours de la nature, tant que le
soleil pourra remplir le monde
par ses forces actives et ses
rayons lumineux, qui arrivent
sur la terre tempérés par le moyen
des zéphirs, des atmosphères et
des suavités naturelles. Il n'y
a rien qui puisse arrêter le cours
de la vie humaine, tant que son
principe spirituel ou son âme
pourra, par le moyen de l'esprit
raisonnable, transmettre à l'homme une vie perpétuelle et l'éclairer par les rayons de l'intelligence. Le genre humain renaîtra
toujours et le monde ne cessera
jamais, tant que Dieu, par le

moyen de son opération spirituelle et de ses anges, pourra il-
luminer et inspirer les sociétés
humaines, par son influence, par
son amour et les rayons de sa
sagesse.

EXEMPLE VIII.

Le cours de la nature s'arrê-
tera aussitôt que le soleil cessera
d'éclairer amplement son orbite.

La durée de la vie humaine
cessera aussitôt que l'âme cessera d'éclairer l'homme de son
intelligence.

Le monde périra aussitôt que
Dieu cessera d'éclairer amplement le genre humain.

Correspondances :

1º *Le cours de la nature, le cours de a vie humaine, le cours de la vie du genre humain.* La nature de la vie de chaque être en particulier correspond à la vie de tous les êtres en commun ; mais pour que cela ne sonne pas durement à l'oreille, j'ai voulu l'expliquer d'une autre manière, savoir : que le genre humain renaîtra constamment, ou que le monde subsistera toujours, cela a le même sens; car le cours de la nature correspond à la providence agissante et opérante.

2º *Suavités, souffle, esprit raisonnable, esprit divin.*

L'esprit divin est comparé à une suavité la plus pure, ou représenté par le mot suavité, cela se trouve souvent dans l'Écriture sainte. Notre esprit raisonnable est la même chose que notre esprit, ainsi que cela a été indiqué en son propre lieu; de cette manière ils se correspondent mutuellement entre eux.

3º *L'atmosphère, les anges, l'âme.*

L'atmosphère comme éthérée et aérée est inférieure à la suavité à laquelle les anges sont assimilés. Tel est l'esprit ou génie de notre âme, à qui des affections et des passions sont attribuées.

4° *Forces actives, la vie, l'intelligence.*

Que l'on dise nature, ou forces actives, cela revient toujours au même, car la nature universelle est le contenant de toutes les forces actives ; les forces sont particulières ou partie de la nature, mais le mot nature est un mot commun ; la nature et la vie sont dans une correspondance mutuelle, cela a déjà été indiqué ci-dessus, il en est de même des forces actives. L'intelligence est la vie plus distincte et supérieure qui doit être substituée dans la troisième classe au lieu de vie, car vivre c'est concevoir.

5° *Lumière, intelligence, sagesse.*

La lumière naturelle correspond à l'intelligence, cela peut être reconnu facilement par qui que ce soit ; car on dit la lumière intellectuelle : à l'entendement sont attribuées la clarté, l'obscurité et plusieurs autres choses, en outre les images se forment de la lumière bienfaisante ; de là les idées desquelles découent et résultent l'imagination, la pensée et l'entendement : le vrai entendement peut donc être appelé vue rationnelle. Mais la sagesse est exclusivement divine, le propre de l'homme est de comprendre ; la conception lui appartient, mais non la sagesse, car la sagesse, comme on le voit plus haut, est le propre de Dieu ou un attribut de Dieu.

6° *Soleil, âme, Dieu.*

L'homme est le microcosme qui veut dire le petit monde ; il n'existe pour lui aucun autre soleil que son âme, ou plutôt son esprit, d'où découle son intelligence. Mais Dieu est le soleil de la sagesse, ou la sagesse même, comme le soleil du monde est le soleil de la lumière naturelle.

Confirmation des propositions.

1° Le soleil même est la source et le principe de toutes choses naturelles ; de là viennent l'existence et la subsistance du monde qui est appelé monde solaire, de telle sorte que le soleil, respectivement à toutes les autres choses de la nature, mérite d'être appelé la nature naturalisante ou agissante, mais agissante dans tous les mondes par l'influ et par les suavités du soleil spirituel qui l'alimente; ainsi, par les zéphirs et par les atmosphères, il est comme présent dans tous les points et dans tous les angles de son orbite, car partout où ses rayons pénètrent, pénètrent aussi sa lumière et sa force active. S'il n'existait pas de soleil, tout deviendrait engourdi et cesserait d'exister, tout cesserait de se mouvoir, de s'échauffer et de se renouveler.

2° Il en est de même dans le règne animal, quand l'âme ne peut plus opérer par le moyen de l'esprit raisonnable et par le moyen de sa vie animale; car au moment où l'âme ne peut plus animer son petit microcosme ou l'éclairer de sa vie et de son intelligence, c'en est fait de lui; il est privé d'esprit et de vie animale, il est privé aussi d'action et d'intelligence, c'est-à-dire qu'il est mort et immobile, comme une statue ou comme une souche.

3° Le monde périrait aussi, si Dieu ne pouvait plus par son esprit gouverger le

genre humain ; cela est conforme à l'a-
nalogie et confirmé par les saintes Écritures. La cause qui détermina la ruine
du genre humain par le déluge (*i*) fut
que Dieu ne put opérer davantage sur
les hommes ; la fin du monde arriverait
par la même cause, cela est suffisamment
démontré et prédit par les évangélistes
et les apôtres ; il suit donc aussi de la correspondance analogique ci-dessus énon-
cée, qu'il faut que l'homme existe pour
que Dieu transperce dans la nature, ou
afin que la nature puisse s'élever vers
Dieu par le moyen de l'homme. En conséquence, tel est l'homme, tel est le
monde ; tout périrait si le genre humain
était perverti à tel point qu'il rejetât
toute influence, tout amour, toute sa-

(*i*) Le déluge a été mal compris ; car ce déluge,
comme on aurait dû le définir, n'est qu'un déluge
par analogie, par correspondance, produit par les
mauvaises affections et le mauvais esprit de ce
temps-là. L'arche de Noé représente que l'homme ne peut trouver de paix et de bonheur qu'en
Dieu seul.

gesse divine. Que la connexion des causes soit telle, on peut également le conclure par la malédiction du monde à cause du péché et de la punition d'Adam : ainsi, par opposition, les choses les plus heureuses, les plus suaves, la paix, le bonheur, la fertilité, la félicité, la longévité, dépendent de l'union, de l'harmonie de nos esprits et de nos âmes avec Dieu.

EXEMPLE IX.

L'ordre parfait constitue l'harmonie, et celle-ci produit la beauté; toutes deux réunies renouvellent et conservent la nature : mais un ordre imparfait produit l'inharmonie, laquelle produit la difformité qui, ensemble, pervertissent et détruisent la nature.

L'affection de la véritable har-

monie produit les plaisirs, et
ceux-ci la joie qui, réunis, ré-
créent, vivifient l'esprit, l'âme et
la vie animale ; mais l'inharmonie produit la difformité, et
celle-ci la tristesse qui, réunies,
affectent et anéantissent l'esprit,
l'âme et la vie animale.

L'amour du bien suprême
produit la félicité, et celle-ci le
ciel, qui élève l'esprit et l'âme
ensemble à l'état de béatitude,
exalte la vie spirituelle, mais l'a-
mour du mal produit l'infélicité,
et celle-ci l'enfer qui, réunis,
condamnent l'esprit et l'âme, et
les anéantissent spirituellement.

Correspondances :
1° *Affection et amour.* Toute affection agréable à l'esprit, à l'âme, à la vie

animale, peut être appelée son amour ;
mais le mot amour est proprement
un mot spirituel auquel correspondent
les mots concorde, unanimité ; et, dans
la classe des choses naturelles, les mots
conjonction, connexion : cela n'empêche
pas que l'amour ne corresponde aussi à
l'affection quand il est question d'harmonie, dans laquelle se trouvent une telle
concorde et une telle liaison ou connexion

2° *La véritable harmonie, le bien su-*
prême, l'inharmonie, le mal. Rien ne
peut toucher l'esprit ou l'âme plus agréa-
blement que ce qui est harmonieux :
l'harmonie n'est point un mot spirituel, mais *bien* est un mot de suavité
spirituelle qui correspond à harmonie,
en tant que celle-ci produit les plaisirs
et la joie. Ainsi, quand, au commencement de la création, il a été prononcé
par Dieu que tout était bon, cela si-
gnifiait que toutes choses correspon-
daient entre elles mutuellement ; savoir :
la nature et le monde, la chair et l'esprit,
l'esprit humain avec la divinité ; de ma-

nière qu'il n'était pas besoin d'une doctrine, parce qu'il existait une parfaite harmonie en toutes choses.

3° *La beauté, l'agrément, les plaisirs, la jouissance, la félicité, le ciel.* La beauté ou formosité est un mot qui se dit des choses naturelles ; mais elle n'est jugée comme telle que dans les choses animées et vivantes, car elle découle de l'harmonie et de l'ordre parfait des choses. Le plaisir s'attribue à la vie animale et à l'esprit humain, lesquels ne se trouvent que dans les choses animales. Mais la félicité est l'attribut de l'esprit et de l'âme séparée du corps ; elle embrasse tous les agréments et jouissances de l'univers. Le ciel signifie la jouissance la plus parfaite, et réellement de toutes les choses dans chaque partie, et de chaque partie dans toutes les choses, que l'on appelle autrement béatitude céleste ; cependant, parce qu'elle est inexprimable et non comparable à notre joie terrestre, elle est nommée ciel, qui signifie la société céleste elle-même.

4° *La difformité, le désagrément, la*

tristesse, le malheur, l'infélicité, l'enfer.
Parce que ces mots sont opposés à ceux
qui précèdent, il s'en suit qu'ils cadrent
entre eux et qu'ils se correspondent mutuellement.

5° *Pervertunt, malè afficiunt, condem-
nant.*

Ils pervertissent, font du mal, damnent.
Pervertir est un mot naturel ; *faire du
mal* est un mot propre du règne animal ;
condamner est un mot spirituel par l'u-
sage, en ce que l'âme est condamnée à
des supplices et à la mort éternelle ;

6° Détruire, éteindre, anéantir spirituellement ; car la nature peut être détruite, l'esprit ou la vie peut être éteint ;
mais l'âme ne peut mourir que spirituellement par la damnation.

Confirmation des propositions.

1° L'ordre parfait produit l'harmonie
et l'harmonie produit la beauté ou la
perfection de la forme ; elles réédifient et
fortifient la nature : cela est évident phy-
siquement, et confirmé par les harmo-
nies de la vue, de l'ouïe et des autres

sens, tant extérieurs qu'intérieurs; dans le règne animal, elles sont toujours réintégrées et confirmées par l'amour qui correspond à l'harmonie. Cet amour conjoint les esprits : c'est pourquoi Pythagore avait attribué toute chose à l'harmonie, c'est pourquoi les plus anciens philosophes ont dit que quelque amour avait formé, consacré et conservé toutes les choses du monde. Cela est vrai, mais il est vrai aussi que les inharmonies pervertissent et détruisent.

2° L'amour du bien suprême produit la félicité; cela se suit évidemment, si nous examinons ce qu'est le bien suprême. Le bien suprême est Dieu lui-même et son amour, et par cet amour il y a union parfaite avec un tel bien, ils ne peuvent pas même se séparer de la félicité et de la jouissance céleste.

Règle. 1° Il y a plusieurs choses dans la classe des naturelles qui ne peuvent être mises dans la classe des choses spirituelles; en conséquence, on doit substituer celles qui s'y trouvent et qui semblent

s'accorder le plus possible ; ainsi on peut
conclure que la nature serait détruite et
que la vie corporelle ou charnelle serait
éteinte, morte ; mais on peut comprendre que l'âme, qui est d'essence spirituelle, ne peut être ni détruite, ni éteinte,
ni mourir. Cependant la principale essence de sa vie, savoir : sa félicité, peut
périr et son union avec la Divinité peut
être dissoute ; c'est ce que forme la mort
spirituelle ou la douleur infernale.

2° On se sert souvent de mots qui
expriment quelques qualités naturelles,
et qui peuvent être rendus par plusieurs
autres mots dans la seconde classe, comme ceux-ci : harmonie, beauté, peuvent
être rendus par jouissance : ainsi, aménité, agrément, joie, félicité, par beaucoup d'autres mots ; car chaque sens a
son agrément et son harmonie ; autre
est le plaisir du goût, autre est le plaisir
de l'odorat, autre est le plaisir de l'ouïe,
autre est le plaisir de la vue, autre est
le plaisir de l'esprit, autre est le plaisir
de l'âme raisonnable.

Dans ce qui suit on trouve le mot modification qui correspond au mot sensation, soit de la vue, soit de l'ouïe,
aussi perception et entendement; il se
présente encore des mots spirituels qui,
pour la plupart, correspondent dans la
classe naturelle et animale comme les
biens, les maux, etc.

EXEMPLE X.

C'est l'harmonie seule qui
réunit les êtres de la nature et
qui soutient le monde, mais l'inharmonie divise et détruit le
monde.

C'est la concorde seule qui
associe les esprits et les âmes,
et qui conserve les sociétés; mais
la discorde désunit et détruit les
sociétés.

C'est l'amour seul qui unit les âmes entre elles et qui forme la société céleste ; mais la haine sépare les âmes : c'est de là que résulte la société infernale.

Correspondances.

1° *L'harmonie, la concorde, l'unanimité, l'amour.*

L'harmonie est un mot purement naturel. La concorde est un mot du règne animal, parce qu'elle est des cœurs ; il en est de même de l'unanimité, parce qu'elle vient des âmes ; outre cela, si on regarde la concorde comme une vertu, alors elle est de l'esprit humain. Mais le mot amour, pris en général, est un mot spirituel, dans un sens spécial ; il y a plusieurs sortes d'amour qui dénotent les affections particulières, comme l'amour de la société, de ses parents, des enfants, de la patrie ; comme l'amour conjugal, l'amour lascif, l'amour des honneurs, des richesses, du monde et du ciel.

2o *L'inharmonie, la discorde, la haine.*

Celles-ci, comme les correspondants précédents, sont reconnues par les mêmes causes.

3° *Joindre, associer, unir.*

Joindre est un mot naturel ; associer est un mot du règne animal, parce que les animaux s'associent ; être uni veut dire être joint le plus étroitement possible, comme les âmes, les formes spirituelles s'unissent entre elles de manière qu'elles s'assimilent avec leurs semblables.

Confirmation des propositions.

A côté de cet axiome, il y en a un autre vulgaire qui lui ressemble, savoir, les accords font grandir les petites choses, mais la discorde les rapetisse et les fait tomber en ruine. De ce qui précède, et aussi par la raison éclairée, on fait voir pourquoi l'amour et la concorde sont les liens de la société et l'union des âmes, parce qu'ils sont à comparer à l'harmonie dans la nature même qui correspond à la concorde et à l'amour. Pourquoi l'harmonie, la concorde et l'amour sont-ils ainsi? Cela résulte de l'analogie et de la géométrie elle-même.

EXEMPLE XI.

L'harmonie des êtres naturels n'existe pas sans un principe d'harmonie dans la nature supérieure, qui conjoint les êtres individuels d'une manière universelle et les êtres universels d'une manière individuelle.

La concorde des esprits humains n'existe pas sans un principe de concorde dans quelque amour supérieur, lequel associe chaque esprit individuel d'une manière universelle et la société universelle d'une manière individuelle.

L'amour mutuel des âmes n'existe pas sans le principe de l'amour en Dieu lui-même, qui unit les âmes individuelles d'une manière universelle, et la société universelle et céleste d'une manière très-particulière.

Confirmation des propositions.

1° Le principe de l'harmonie est dans la nature supérieure ; cela suit de la coordination et de la subordination de toute chose qui se rencontre dans la nature universelle ; car, si les êtres supérieurs ne gouvernaient pas les inférieurs, ceux-ci ne pourraient être maintenus d'aucune manière dans une union quelconque et ne pourraient même subsister ; car les choses qui n'ont pas un principe ne sauraient exister. Les atmosphères sont contentes dans leur union par les vents, les

7

zéphyrs plus purs et plus parfaits. Le monde entier y est retenu par son soleil, les corps des animaux par l'âme, et ainsi du reste.

2° Il n'existe pas de concorde entre les esprits humains sans un principe de concorde dans l'amour supérieur ou plus universel, comme l'amour de la bienséance, de la vertu, de la patrie, du profit et de choses semblables, qui s'associent souvent à l'esprit; l'amour suprême est l'amour en Dieu. Plût à Dieu que cet amour suprême fût à chacun en particulier! il réunirait les âmes et les esprits. C'est alors que le ciel apparaîtrait sur la terre, et que le royaume de Dieu y serait présent et sensible.

3° Ce qui joint, associe, unit d'une manière universelle, associe aussi d'une manière individuelle, car rien ne peut agir universellement sans agir aussi en même temps d'une manière individuelle, car l'universel n'est rien sans le particulier. C'est des choses particulières qu'il est formé et composé. Mais quelle est la qualité et la nature de l'universel? On le voit par la nature des particuliers, *et vice versâ.*

4° Il s'ensuit déjà que personne ne peut aimer son prochain sans aimer Dieu, et réciproquement ; de manière que ces amours sont unies ensemble comme les anneaux d'une chaîne ; ainsi, de l'amour de Dieu découle l'amour du prochain.

———

EXEMPLE XII.

La nécessité naturelle est que chaque substance regarde l'autre comme elle-même, par conséquent la réunion des substances semblables comme plusieurs elles-mêmes ; mais, à l'égard des substances supérieures d'où elle tire son essence et sa nature, elle doit les regarder comme supérieures à elle-même, afin qu'elle soit obligée d'obéir par une connexion absolue, conséquence de l'harmonie.

La première et dernière loi de la société, soit terrestre, soit céleste, est celle-ci, savoir, que chacun aime son semblable comme lui-même, la société comme plusieurs soi-même, mais Dieu plus que tout, attendu qu'on lui doit toute obéissance et le plus parfait amour.

Correspondance.
La nécessité naturelle, la loi.
Toutes les lois de la nature portent le cachet de la nécessité et de la géométrie, elles ne peuvent être arbitraires ni contingentes, car elles ne dépendent d'aucune volonté humaine; c'est la raison pour laquelle elles ne peuvent être appelées lois, mais nécessités.

Confirmation des propositions.

Chaque substance du monde doit regarder une autre substance comme une autre elle-même, ni plus ni moins ; cela résulte de l'action et de la réaction de chaque chose en particulier, ainsi que de la consociation ; car autant que les choses reçoivent d'impression, autant elles agissent, et n'ajoutent rien d'elles-mêmes pour surpasser leurs voisines ; elles se servent de leurs forces et de leur perfection naturelle pour ne pas recevoir l'action des autres. Si nous examinons ces choses en particulier, il est tout à-fait évident que cette même loi a été imprimée dans la nature, de telle sorte que, sans une exacte observance de cette loi, tant en particulier qu'en commun, le système du monde n'aurait pu exister, ni ne pourrait subsister, car chaque substance a une tendance à dominer sur sa semblable, par son poids, par sa grandeur, par sa force, de sorte que, sans la loi immuable qui les régit, elles rompraient elles-mêmes l'équilibre commun, et le rejeteraient de leur orbite, de leur cercle et de leur atmosphère.

EXEMPLE XIII.

Tout ce qui est harmonieux est beau en soi-même; ce qui est inharmonieux est laid ou hideux en soi; mais dans l'ombre la difformité apparaît souvent comme beauté, et réciproquement; c'est pour cela que nous avons besoin de la lumière, afin qu'il soit manifeste qu'une chose est telle qu'elle apparaît.

Tout bien et tout mal, ainsi que toutes les choses agréables et désagréables, se perçoivent naturellement; mais nos sens nous trompent souvent par l'i-

gnorance et le défaut d'exercice
de notre jugement sur le bien
et le mal. Par cette raison nous
avons besoin de l'entendement
pour savoir si le bien est vraiment bien, et le mal vraiment
mal, ou si l'un a l'apparence de
l'autre.

Toute chose divine est en soi-
même le plus grand bien ; mais
toute chose diabolique est en
soi-même le plus grand mal.
Dans cet entendement corporel
qui n'est que l'ombre et le sommeil de l'intelligence, souvent
ce qui est le plus grand mal
semble être le plus grand bien ;
ou ce qui est diabolique et le
plus grand mal semble être le
plus grand bien ; ou ce qui est

diabolique apparaît comme divin. C'est pour cela que quand le soleil et l'éclat de la sagesse divine reluiront dans le jugement dernier, chacun reconnaîtra en soi quel bien et quel mal forment son principe. Alors l'un ne pourra prendre la place de l'autre.

Correspondances.

1° *L'ombre, l'ignorance, l'entendement obscur.* Ainsi que la lumière correspond à l'intelligence, comme nous l'avons dit précédemment, de même l'ombre correspond à l'ignorance ; il y a également un rapport de l'entendement obscur à un entendement éclairé, qui est celui des esprits dans la vie non corporelle où habitent les âmes.

Confirmation des propositions.

Toute chose harmonieuse est en soi-même belle, et en elle toute chose bonne et agréable est naturellement perçue par les sens ; l'expérience le prouve, car ce qui est doux est senti par la langue ; ce qui est harmonieux et symétrique est sensible à l'oreille ; ce qui est beau frappe de suite les yeux ; de même l'esprit raisonnable perçoit tout ce qui est bien et tout ce qui est mal ; car nous, nous en avons une connaissance naturelle. Seulement cette connaissance est souvent émoussée et obscurcie par diverses causes ; mais c'est toujours de notre faute. Pour que le mal ne se substitue pas au bien, il nous a été donné un entendement dont l'objet est la vérité ou la qualité, afin que nous comprenions que les choses sont telles, savoir : si le bien est vraiment bien, ou seulement un bien apparent, et par cela mal en soi-même, et réciproquement.

2° Dans le jugement dernier chacun se reconnaîtra tel qu'il est ; il verra ce qu'il aura fait, ce qu'il aura mérité ; nous en sommes convaincus par le texte sacré.

Il y a aussi une troisième comparaison entre la lumière solaire et la lumière divine, qui est la sagesse ; car Dieu est appelé le soleil de la sagesse ; de même que le soleil fait découvrir par sa lumière toute qualité d'un objet, ainsi Dieu par sa sagesse, quand il se manifestera dans toute sa gloire , découvrira à l'instant dans chacun tout ce qu'il y a de divin et tout ce qu'il y a de diabolique; ce que personne ne saurait actuellement reconnaître, la conscience de chacun étant son propre juge, chacun saura par l'état de son âme les choses les plus minutieuses de sa vie, lorsque, pour la première fois, cette âme se verra entourée de la lumière et de la sagesse, en présence de laquelle rien ne restera caché.

———————

EXEMPLE XIV.

Le soleil est la source de toute lumière dans son monde, et il n'est pas la cause de l'ombre, mais l'ombre est la privation de la lumière; le soleil n'est jamais privé de lumière, mais les objets terrestres empêchent sa lumière d'arriver jusqu'à nous; de là les ténèbres. Dieu est la source de toute intelligence dans son ciel, et il n'est pas la cause de l'ignorance, mais l'ignorance est la privation de l'intelligence. L'âme n'est jamais privée d'intelligence, mais les objets de la pensée ou les buts corporels et mondains empêchent que son intelligence ne pénètre jusqu'à elle; de là l'ignorance du vrai ou la stupidité.

Dieu est la source de toute sagesse dans son ciel, et il n'est pas la cause de l'extravagance.

L'extravagance seule est l'absence de la sagesse. Dieu n'est jamais privé de sagesse; mais les amours mondaines et les amours matérielles nous privent de l'influence de la sagesse divine; de là vient l'extravagance.

Correspondances.

1° *Ombre*, *ignorance*, *extravagance* (*voyez* exemple 13 ci-dessus).

L'ombre correspond aussi à l'entendement obscur : ainsi que *ténèbres*, *ignorance du vrai*, *stupidité*, *folie*, se correspondent mutuellement, de même *lumière*, *intelligence*, *sagesse*, se correspondent aussi mutuellement; cela paraît naturel à la première réflexion. Par cela, toutes ces choses sont attribuées à l'entendement; les mêmes choses sont attribuées à la lumière, comme la clarté, l'évidence; l'esprit de vérité est appelé esprit de lumière ou ange de lumière. Ces choses se correspondent évidemment, cela est sensible à l'entendement humain, qui naît et se perfectionne par le moyen de la lumière et de la vue.

2º *Les objets terrestres, les buts corporels des mondains, les amours du corps et du monde.*

Les objets de l'entendement, de l'intelligence et de la pensée sont toujours des fins ; il en est de même pour nos amours comme pour nos fins, car nous regardons comme fins ce que nous aimons. Ces fins et ces amours empêchent que la vraie intelligence et la vraie sagesse influent sur nous et soient aimées, cela est évident ; c'est de là que sont nées les folies humaines.

Confirmation des propositions.

L'âme est la source de toute intelligence, ou plutôt la représentation de l'intelligence dans son microcosme (*voyez* où il est question de l'âme). Elle est vraiment dans l'état de l'intelligence qui lui est propre, quoique le corps soit dans l'état d'ignorance ; cela se voit toujours dans l'âge de l'enfance, dans le sommeil

et dans la folie, mais ici il est question de
l'ignorance du vrai ou de la stupidité.

EXEMPLE XV.

La lumière révèle la qualité
d'un objet; mais la qualité d'un
objet apparaît d'après l'état de
la lumière, car l'objet n'est pas
toujours ce qu'il semble.

L'intelligence découvre la vérité d'une chose, mais la vérité
d'une chose apparaît d'après l'é-
tat de l'intelligence; car ce qui
est regardé comme vrai n'est pas
toujours tel.

La sagesse manifeste la bonté
d'une chose, mais la bonté d'une
chose apparaît d'après l'état de
la sagesse; car ce qui nous semble

bon n'est pas toujours bon.

Correspondances.

1° *La qualité d'un objet, la vérité d'une chose, la bonté d'une chose.*

La même lumière nous découvre quel est l'objet, savoir, si c'est une pierre, un arbre, un animal ; quelle est sa figure ou sa forme extérieure, et intérieure quand l'objet est transparent ; l'intelligence découvre la chose elle-même avec sa qualité, ce qui est la même chose que de chercher la réalité de l'objet, car tout entendement doit être occupé à la recherche de la vérité. La bonté ou le bon est le propre de la sagesse qui ne recherche pas d'une manière intellectuelle qu'un objet est, mais sa qualité intrinsèque ; car le bon se manifeste de lui-même, puisqu'il correspond à l'harmonie, comme il a été dit exemple 13.

2° *L'objet, la chose.* L'objet est un aperçu de la lumière, mais la chose principale est perçue par le moyen de l'entendement.

3º *Apparaître, penser, croire.* Les choses apparaissent dans la lumière, se pensent dans l'entendement, et se croient par l'intelligence.

Confirmation des propositions. L'intelligence découvre la vérité ; elle fait connaître la réalité du sujet de l'entendement, et la bonté du sujet de la sagesse. Le bon est tout ce que nous aimons, nous désirons, nous souhaitons, nous voulons et que nous prenons pour fin ; le mal est ce que nous détestons ; pour que nous sachions si le bon est ce que nous croyons tel, l'entendement nous a été donné, afin de discerner la vérité ou la qualité du bon.

EXEMPLE XVI.

Il y a aussi des lumières secondaires pures et sans altération, comme les lumières du monde planétaire ; il y a aussi des lumières factices, comme celles du feu follet, etc. Mais celles-ci s'évanouissent devant la lumière du soleil.

Il y a des entendements secondaires vrais, comme celui des humains.

Il y a des entendements faux; mais ceux-ci sont comme nuls et disparaissent en présence de l'intelligence pure, telle qu'est, par exemple, l'intelligence de l'âme pure.

Il y a des intelligences spirituelles qui sont les bons anges; il y a aussi des intelligences de mauvais anges; mais celles-ci sont comme rien, et disparaissent devant la présence de Dieu ou sa sagesse divine.

Correspondances.

1º *Lumières secondaires*, *entendement
humain*, *les anges*. Les lumières secondaires sont les feux, les chandelles et les
choses pareilles, qui illuminent les lo-
calités dans l'obscurité. A celles-ci correspond l'entendement humain, qui,
semblablement à ces lumières, peut être
allumé et éteint, et devient nul relativement à l'intelligence de l'âme, qui est
purement spirituelle. Les anges eux-
mêmes sont des intelligences semblables.

2º *L'ingénu et le vrai* semblent également se correspondre entre eux.

3º *Lumière factice*, *entendement faux*,
les mauvais anges. Les phosphores ré-
pandent des lumières factices ou fausses,
ce qui fait paraître les objets enduits d'une
autre couleur et d'une qualité douteuse.
Il en est de même de l'entendement faux
de ceux qui déguisent et colorent plusieurs objets, à tel point qu'il donne
au faux l'apparence du vrai.

Telle est aussi la nature des mauvais
anges, appelés anges des ténèbres;

de là vient que, bien qu'ils aient connu
la vérité, cependant ils ne l'aiment pas ;
au contraire, ils lui portent une haine
éternelle, et la poursuivent, parce que
la vérité indique que tel objet est bon,
et qu'eux le jugent mauvais, *et vice
versâ.*

Règles. 1º Parce qu'il s'agit des intelligences spirituelles, ou des anges et des
âmes, on doit observer qu'ils ont été
créés dans toutes leurs intelligences, et,
puisqu'ils sont des esprits, il sont aussi
au-dessus de la nature qui n'est pas spirituelle. Malgré cela, ils comprennent
parfaitement toutes les choses qui sont
de la nature. Il s'ensuit qu'il y a quelque correspondance et harmonie entre
les choses naturelles et spirituelles, et
réciproquement ; ou qu'il n'y a rien,
dans toute la nature, qui ne soit le type,
l'image et le simulacre de quelque chose
dans les spirituelles, qui sont les originaux ou les exemplaires; autrement, aucune intelligence spirituelle n'aurait jamais pu reconnaître ce qui est au-dessous

d'elle ; et cependant elle le reconnaît de soi et en soi-même.

2° Cette doctrine semble aussi avoir été cultivée par les Egyptiens ; ils ont indiqué ces correspondants par divers caractères hiéroglyphiques, qui n'expriment pas seulement des choses naturelles, mais aussi des choses spirituelles. Pour connaître leur science, voyez entièrement le livre physique d'Aristote.

3° Pour conclure des choses particulières aux universelles, cela n'appartient point à cette science des correspondances, mais à la philosophie élémentaire.

Les choses spirituelles ne sont pas dans le même rapport aux choses naturelles que les choses naturelles aux spirituelles ; car si elles étaient dans le même rapport, les choses naturelles seraient de la même essence que les spirituelles ; ce qui serait contraire à la saine raison.

EXEMPLE XVII.

La lumière sans ombre ne paraîtrait pas lumière, de même que la perfection sans imperfection; car il n'y aurait rien pour établir de différence; ainsi il n'y a point de positif sans privatif, car sans le privatif il n'y aurait pas de moyens pour prouver une chose quelconque, de même aussi, sans ombre, il n'existerait aucune image visible, ni aucune modification, ni même aucune couleur ou variété des couleurs; de cela il résulte clairement que l'ombre a son usage comme l'imperfection. Quoique l'ombre ne soit que la privation de la lumière, cependant elle a une

existence réelle; sans essence
actuelle, aucune chose n'existerait ni ne serait connue, soit intrinsèquement, soit dans ses
qualités et perfections.

L'entendement sans l'ignorance ne paraîtrait pas entendement, de même le vrai sans le
faux; car il n'y aurait rien pour
le reconnaître; de même il n'existerait aucun affirmatif sans négatif, car sans négatif il n'existerait pas de moyens d'affirmer
une chose quelconque; de même,
sans l'ignorance et le faux, la mé-
moire ne pourrait avoir aucune
idée distinctive ni perceptible, ni
imagination ni pensée; de plus, il
n'existerait aucune opinion ni
diversité d'opinion; il s'ensuit

que l'ignorance a son usage; il en est ainsi du faux. Quoique l'ignorance soit la privation des moyens qui servent à exercer l'intelligence, et le faux, la privation du vrai, cependant il existe actuellement; sans existence réelle, ce ne serait qu'une pure chimère et on ne pourrait savoir ce qu'est l'entendement, ce qu'est la vérité ni leurs qualités.

La sagesse sans la stupidité, sans la folie, n'apparaîtrait pas sagesse; de même que le bien sans le mal; car il n'y aurait rien pour les apercevoir, s'il n'y avait pas quelque chose de vraiment ingénu et vrai, d'aimable et d'inaimable, ou d'heureux et de malheureux; car sans le malheur il n'y aurait rien pour sentir le bonheur, de même sans le mal il n'existerait aucune affection, aucune volonté ni désir, ni aucune variété de désir. De cela il résulte que la folie et le mal ont leur usage, quoique la folie soit la privation de la sagesse, et le mal la privation du bien; cependant le mal, c'est-à-dire le diabolique ou le diable, existe actuellement et positivement; sans actualité, le mal serait un être de raison ou chimérique, et on ne pourrait distinguer ce que c'est que la sagesse, la bonté, ni leurs qualités.

Correspondances.
1° Le parfait, le vrai, le bien. Le par-

fait peut être pris en ce sens que ce qui est vrai et bien, et ce qui est bien et vrai, est aussi parfait en soi; il en est de même des choses opposées.

2° *L'imparfait, le faux, le mal, le positif, l'affirmatif, l'aimable.* Le positif regarde les êtres de la nature; l'affirmatif est propre à l'esprit humain par lequel l'on peut affirmer ou nier; de là aussi *le privatif, le négatif et l'inaimable,* car tout bien ou tout agréable est perçu naturellement; donc l'affirmatif est perçu par lui-même quand il est aimable, le négatif quand il n'est pas aimable.

3° *L'image visible, l'idée perceptible.* L'image est une idée dans le sens intérieur, c'est connu; on sait aussi que les images de la vue des sens passent d'abord par des idées naturelles et puis dans les intellectuelles.

4° *Modification, sensation, imagination, pensée, affection.* Ce que l'on comprend dans le monde atmosphérique par modification, est compris dans le règne animal par sensation, imagination,

9

pensée; la modification existe sitôt qu'elle affecte les organes sensitifs du corps animé, c'est la raison pour laquelle la sensation ressemble à la modification ; elle correspond aussi à l'affection, car l'esprit et l'âme sont affectés selon les sensations.

5° *La couleur*, *l'opinion*, *la volonté*. La couleur est une lumière diversifiée et modifiée de différentes manières; par cela elle correspond à l'opinion comme la variété des couleurs correspond à la diversité d'opinions.

6° *Rien*, être de *raison*, et *le vice*, signifient la même chose.

Confirmation des propositions.

1° Aucune lumière n'existerait, s'il n'y avait pas d'ombre. Supposez une lumière pure et simple et n'ajoutez aucune ombre, ni grande ni petite, mais admettez une décroissance jusqu'à l'anéantissement de l'ombre, alors vous ne pourrez rien affirmer de la lumière, qui fût quelque chose ; ainsi, il n'existerait point d'images, qui sont les diversifications de l'ombre et de la lumière ; il n'existerait pas non plus de couleurs ; il s'ensuivrait qu'il n'y aurait aucun monde visible, car les objets particuliers sont distigués par le degré de lumière, comme l'enseigne la science de l'optique. Les couleurs tirent aussi leur origine de là, c'est démontré ailleurs. De même il paraît qu'aucune perfection ne peut être aperçue sans l'imperfection, ni le vrai sans le faux. Ces choses confirment l'existence réelle du mal, ou du diable, pour que l'idée du bien non-seulement soit reconnue et exaltée, mais pour prouver qu'elle existe réellement, même en ce moment, dans le monde créé.

2o Sans l'ignorance et le faux, il ne pourrait exister, dans l'entendement humain, ni un affirmatif ni un négatif ; car, s'il n'y avait rien que le vrai, et de plus, si rien n'était ignoré, aucune chose ne pourrait être affirmée, ou plutôt on ne saurait ce que c'est qu'une affirmation, ni ce que c'est qu'une pensée, moins encore ce que c'est que l'opinion : ainsi, ni parole, ni discours, ni commerce de la société humaine.

3° Il en est de même du bien et du mal, de l'agréable et du désagréable, du bonheur et du malheur: on ne peut supposer l'un sans l'autre, car ils sont relatifs. Il suit de là que le mal, c'est-à-dire le diable, existe réellement; et en effet, j'ose le dire, sans le diable il n'existerait aucune variété d'affection d'esprit et de l'âme; il n'existerait non plus ni passions, ni concupiscence, ni désirs, ni volonté, par conséquent aucun esprit qui fût le propre des humains,

4° Une fois le mal supposé, le faux l'est aussi; comme, le bien supposé, il faut supposer le vrai, car si quelqu'un hait le bien, et qu'il aime l'opposé ou le mal, alors il hait le vrai et aime le faux, car on croit bon ce que l'on aime. On hait aussi les vérités et on aime les faussetés, parce que celles-ci caressent les affections.

EXEMPLE XVIII.

La seule blancheur de la neige sans les autres colorifications qui ressortent du mélange du blanc et du noir, comme une modification permanente, priverait l'œil de toute faculté de voir, car l'œil est formé pour recevoir plusieurs images et plusieurs objets, puisque ce sont les pures différences, réunies harmoniquement, qui forment et produisent les sensations.

La seule intelligence du vrai, sans les conjectures et les opinions qui tirent leur origine du mélange du vrai, du faux et de l'ignorance, comme une cons-

tante pensée ou intuition rationnelle d'une seule chose, prive
l'esprit de toute faculté de penser ; car l'esprit est formé pour
la réception de plusieurs idées
et pour l'intuition de plusieurs
objets, puisque ce sont ces pensées, ces pures variations, réunies d'une manière aimable, qui
produisent et entretiennent la
pensée et l'entendement humain.

Correspondances.

1° *La blancheur, l'intelligence du vrai,
la vérité.* De même que la lumière correspond à l'intelligence, ainsi *la blancheur, le poli éclatant, le diaphane,* semblent correspondre au vrai ou à la vérité,
car la vérité est l'objet de l'intelligence.
De même, par opposition, *le noir et le
faux.*

2° *L'œil*, *l'esprit rationnel*, ou plutôt l'organe sensitif interne, se correspondent, car l'entendement est appelé la vue interne, ou l'intuition rationnelle de l'objet qui se présente.

Confirmation des propositions. Il est assez connu que l'œil s'engourdit, s'émousse et devient aveugle par la seule blancheur, comme celle de la neige, s'il n'y a pas en présence une couleur obscure qui diversifie le regard. Ainsi que la vue périrait tout à fait si la lumière seule, sans ombre, frappait l'œil, de même notre entendement périrait, si les vérités pures s'offraient à lui.

EXEMPLE XIX.

Le blanc, mélangé d'une manière proportionnelle avec le noir, par les rayons de la lumière du soleil, produit les couleurs diverses, savoir : les plus éclatantes et les plus obscures ; mais les objets peuvent être fardés et peints à un tel point qu'on ne saurait dire ce qui est blanc et ce qui est noir, et de quelle manière ils sont mélangés.

Le vrai, quand il est mêlé avec le faux d'une manière raisonnée par l'intelligence, produit différents raisonnements, savoir : le vrai, le douteux et le faux ; mais les intentions peuvent être si spécieusement embellies qu'on ne puisse distinguer ce qui est vrai ou ce qui est faux, ni ce qui en est la cohérence.

Le bien avec le mal ou l'heureux avec le malheureux, quand ils sont mêlés dans l'esprit et

dans l'âme, produisent des affections diverses, savoir : les
agréables et les désagréables;
mais les désirs et les concupiscences peuvent se dissimuler si
finement et avec tant de perspi-
cacité que souvent nous ne pouvons distinguer ce qui est bien
ou bonheur de ce qui est mal ou
malheur, ni comment ils sont
conjoints ensemble.

Correspondances.
1° *Proportionnellement, rationnellement,*
ou analogiquement et analytiquement;
c'est pour cette raison qu'on dit que
toute proportion est établie par le vrai
raisonnement.

2° *Les couleurs blanches, les sentences,
les affections délicates* (si les couleurs
correspondent aux opinions, il s'ensuit
que les couleurs blanches correspon-

dent aux sentiments ou aux opinions les plus vraies), *ainsi que les couleurs les plus obscures, correspondent aux hypothèses, aux conjectures, aux affections indélicates.*

3º *Se farder, se peindre, s'orner spécieusement, ou n'avoir que l'apparence du vrai, dissimuler.*

EXEMPLE XX.

Les choses claires et les choses sereines sont presque toujours intercalées avec les choses obscures et nébuleuses ; ainsi il est rare qu'on trouve dans la nature inférieure une pure clarté sans obscurité.

Les choses évidentes et manifestes sont très-souvent intercalées avec l'ambiguité et le doute ; ainsi on trouve rarement dans notre esprit, même rationnel, une évidence sans ambiguité. Les choses agréables et les choses douces sont souvent intercaléés avec les choses désagréables, ambiguës et amères ; ainsi il y a rarement dans la vie civile quelque agrément sans désagrément.

Correspondances.

1º Les choses claires, les choses évidentes, les choses agréables. Les choses claires sont en rapport avec la lumière, les évidentes avec l'entendement du vrai, les choses agréables avec l'esprit et âme relativement au bien ; ainsi les choses évidentes signifient les choses vraies, mais les choses agréables signifient les choses bonnes. Il en est de même des choses *sereines*, *manifestes*, *douces*.

2° *Les choses obscures*, *les choses ambiguës*, *les désagréables*. C'est pour cela que l'obscurité est aussi attribuée à l'entendement, quand celui-ci est dans le doute ; également se correspondent les mots *nuages*, *les choses douteuses*, *les choses amères*. On doit observer que les choses *agréables*, *douces*, *les choses désagréables* et *amères* ne semblent pas, à la première vue, correspondre aux choses sereines, manifestes, ou aux choses obscures et nébuleuses, mais ici les choses particulières sont prises pour les choses universelles.

Qui sont le bon et le mauvais ? Toutes les choses agréables, belles et douces sont bonnes ; toutes les choses désagréables et amères sont mauvaises. En tant qu'il s'agit des affections de l'esprit et de l'âme, on doit se servir des formules adéquates.

Règle. Les choses particulières doivent être substituées à la place des universelles, quand il s'agit des choses particulières, et les particulières pour les communes; comme ici les choses douces, ici agréables, amères, désagréables, pour les choses *bonnes* et *mauvaises*.

————

EXEMPLE XXI.

Dans la nuit il y a des ténèbres denses, dans la matinée arrive l'aurore, puis la lumière croît jusqu'à midi; mais depuis midi, la lumière diminue jusqu'à ce qu'elle passe dans la nuit par l'ombre crépusculaire. Le soleil illumine également son monde à minuit comme à midi.

Le premier âge de l'enfance dans le sein de la mère est une

pure ignorance; mais dans l'âge de l'enfance, l'entendement commence à luire; il augmente progressivement jusqu'à l'âge adulte; depuis cet âge, l'entendement décroît jusqu'à ce qu'il retombe par la vieillesse dans l'obscurité et l'ignorance; la même intelligence de l'esprit gouverne son microcosme animal, soit dans l'âge de l'entendement obscur, soit dans l'âge d'un jugement mûr et consommé.

Correspondances.
1° *Le temps de la nuit, l'âge obscur dans le sein de la mère; ensuite le temps du matin et l'âge de l'enfance, ou l'aurore; le temps du midi et l'âge adulte; enfin le temps crépusculaire et l'âge de retour ou*

de la vieillesse, se correspondent mutuellement, c'est évident par soi-même, car on le trouve allégoriquement dans le discours de tout le monde.

2° Se correspondent aussi *croissance et adolescence;*

3° *L'aurore, la première lucidité de l'entendement;*

4° *L'ombre crépusculaire, l'entendement obscur;*

5° *Le midi du jour, l'entendement consommé, ou le jugement mûr,* tel qu'il est dans l'âge adulte.

Règle. 1° Les exemplaires ou originaux sont dans le monde spirituel; les images et les types sont dans le règne animal; mais les simulacres sont dans la nature.

2° Il y a plusieurs espèces de représentations ou correspondances. La première espèce doit s'appeler *harmonique,* telle qu'elle est entre la lumière, l'intelligence et la sagesse; entre l'effort et la volonté; entre la modification, la sensation, l'imagination, et plusieurs autres choses ; de même qu'entre les images, les visions et les idées, puis les raisonnements, qui se correspondent mutuellement, comme des termes dans l'analogie successive.

La seconde espèce est *allégorique*, elle se fait par similitudes. Ainsi nous avons l'habitude d'expliquer les choses spirituelles d'une manière naturelle, car tous les mots spirituels sont des qualités occultes. Cette espèce d'allégorie se trouve souvent dans les saintes Ecritures.

3° La troisième est *typique* ou *figurative*; elle consiste en simulacres comme ceux de l'église judaïque, par lesquels sont représentés le Christ et l'Église chrétienne, et, dans l'église, le royaume de Dieu et la société céleste.

La quatrième est *fabuleuse*; elle fut en usage chez les anciens, qui ont enveloppé les hauts faits de leurs héros des fables et des fictions, telles sont les représentations des poètes et des rêveurs.

4° Il est permis de croire que l'univers entier est rempli des types des figures,

mais nous en connaissons très peu , car
le temps présent contient toujours le fu-
tur, et il existe une liaison , une harmonie et un enchaînement de choses contingentes, puisqu'il y a un ordre et un
influx continuels de la Providence divine.

5° Il est permis d'interpréter ainsi les
saintes Ecritures, car l'Esprit saint parle
d'une manière naturelle comme aussi
spirituelle.

FIN.

TABLE

DES MATIÈRES.